Mutter und Kind

Penhaligon's Duftende Bibliothek

MUTTER *und* KIND

Sheila Pickles

Ins Deutsche übertragen
und bearbeitet von
Angelika Koller

arsEdition

Die beste Erziehungsmethode
für ein Kind ist, ihm eine
gute Mutter zu verschaffen.

Christian Morgenstern (1871-1914)

Inhalt

Einleitung

Liebe Leserinnen und Leser,
mit diesem Buch können Sie zur Geburt eines neuen Erdenbürgers gratulieren oder eine werdende Mutter beschenken.

Der Band enthält ausgewählte Texte zu den wichtigsten Stationen der Mutter-Kind-Beziehung. Erzählt wird von Schwangerschaft, Geburt und von dem Versuch, durch Erziehung dem Kind ein Umfeld zu schaffen, daß es ihm ermöglicht, eine eigenständige Persönlichkeit zu werden und seinen eigenen Weg in eine hoffnungsvolle Zukunft zu gehen. So klein und hilflos Kinder sind, wenn sie das Licht der Welt erblicken, schon bald entwachsen sie unserer Fürsorge und machen ihre eigenen Erfahrungen. Und gerade in dieser Zeit müssen Eltern und Kinder geduldig miteinander umgehen: Eltern müssen lernen, ihre Kinder loszulassen und die Kinder müssen lernen, Verantwortung zu übernehmen.

Und dennoch, gibt es eine größere Freude, als die eigenen Kinder aufwachsen zu sehen?

Kahlil Gibran hat in »Der Prophet« auf unvergleichliche Weise die Schwierigkeiten und Freuden in der Beziehung zwischen Mutter und Kind beschrieben:

»Du kannst ihnen deine Liebe geben, aber nicht deine Gedanken. Du kannst ihrem Körper ein Heim geben, aber nicht ihrer Seele, denn ihre Seele wohnt im Haus von morgen, das du nicht besuchen kannst, nicht einmal in deinen Träumen. Du kannst versuchen, ihnen gleich zu sein, aber suche nicht, sie dir gleich zu machen.

Denn das Leben geht nicht rückwärts und verweilt nicht beim Gestern.

Du bist der Bogen, von dem deine Kinder als lebende Pfeile ausgeschickt werden.«

Sheila Pickles, Angelika Koller

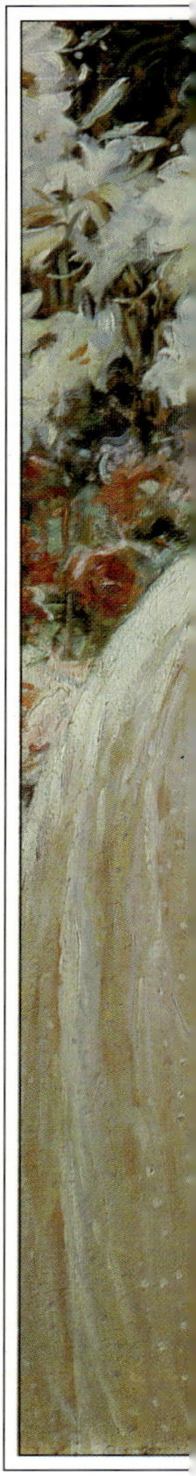

Stimme des Kindes

Ein schlafend Kind! o still! in diesen Zügen
Könnt ihr das Paradies zurückbeschwören;
Es lächelt süß, als lauscht es Engelchören,
Den Mund umsäuselt himmlisches Vergnügen.

O schweige, Welt, mit deinen lauten Lügen,
Die Wahrheit dieses Traumes nicht zu stören!
Laß mich das Kind im Traume sprechen hören
Und mich, vergessend, in die Unschuld fügen!

Das Kind, nicht ahnend mein bewegtes Lauschen,
Mit dunklen Lauten hat mein Herz gesegnet,
Mehr als im stillen Wald des Baumes Rauschen;

Ein tiefres Heimweh hat mich überfallen,
Als wenn es auf die stille Heide regnet,
Wenn im Gebirg die fernen Glocken hallen.

Nikolaus Lenau (1802-1850)

ERWARTUNG

Ein Kind ist eine sichtbar gewordene Liebe.

NOVALIS (1772-1801)

Ach, wäre es nur erst soweit

Meine liebe Mama! Das wird nun wohl ein langer Schreibebrief werden, denn ich habe – die Karte rechnet nicht – lange nichts von mir hören lassen ... Überhaupt, soviel Ursache ich habe, zu danken und froh und glücklich zu sein, ich kann ein Gefühl des Alleinseins nicht ganz loswerden, und wenn ich mich früher, vielleicht mehr als nötig, über Huldas ewige Gefühlsträne mokiert habe, so werde ich jetzt dafür bestraft und habe selber mit dieser Träne zu kämpfen ... Ich bin aber sicher, daß das alles besser werden wird, wenn unser Hausstand sich mehr belebt, und das wird der Fall sein, meine liebe Mama. Was ich neulich andeutete, das ist nun Gewißheit, und Innstetten bezeugt mir täglich seine Freude darüber. Wie glücklich ich selber im Hinblick darauf bin, brauche ich nicht erst zu versichern, schon weil ich dann Leben und Zerstreuung um mich her haben werde oder, wie Geert sich ausdrückt, ein »liebes Spielzeug«. Mit diesem Worte wird er wohl recht haben, aber er sollte es lieber nicht gebrauchen, weil es mir immer einen kleinen Stich gibt und mich daran erinnert, wie jung ich bin, und daß ich noch halb in die Kinderstube gehöre. Diese Vorstellung verläßt mich nicht und bringt es zuwege, daß das, was mein höchstes Glück sein sollte, doch fast noch mehr eine beständige Verlegenheit für mich ist ... Ach, wäre es nur erst soweit. Es sind so viele Gründe, warum ich es wünsche. Heute abend haben wir Silvesterball, und Gieshübler – der einzig nette Mensch hier, trotzdem er eine hohe Schulter hat, oder eigentlich schon etwas mehr –, Gieshübler hat mir Kamelien geschickt. Ich werde doch vielleicht tanzen. Unser Arzt sagt, es würde mir nichts schaden, im Gegenteil ...

Aus: »Effi Briest« von Theodor Fontane (1819-1898)

Harre noch wenige Tage!

Ach, mein Hals ist ein wenig geschwollen! so sagte die Beste
Ängstlich. – Stille mein Kind! still! und vernehme das Wort
Dich hat die Hand der Venus berührt; sie deutet dir leise,
Daß sie das Körperchen bald, ach! unaufhaltsam verstellt.
Bald verdirbt sie die schlanke Gestalt, die zierlichen Brüste;
Alles schwillt nun, es paßt nirgends das neuste Gewand.
Sei nur ruhig! es deutet die fallende Blüte dem Gärtner,
Daß die liebliche Frucht schwellend im Herbste gedeiht …

Wonniglich ist's, die Geliebte verlangend im Arme zu halten,
Wenn ihr klopfendes Herz Liebe zuerst dir gesteht.
Wonniglicher, das Pochen des Neulebendigen fühlen,
Das in dem lieblichen Schoß immer sich nährend bewegt.
Schon versucht es die Sprünge der raschen Jugend; es klopfet
Ungeduldig schon an, sehnt sich nach himmlischem Licht.
Harre noch wenige Tage! Auf allen Pfaden des Lebens
Führen die Horen dich streng, wie es das Schicksal gebeut.
Widerfahre dir, was dir auch will, du wachsender Liebling –
Liebe bildete dich; werde dir Liebe zuteil!

Aus: »Epigramme«, Nr. 101 und 102,
von Johann Wolfgang von Goethe (1749-1832)

In gesegneten Leibesumständen

Alles kehrte nun in die alte Ordnung der Dinge zurück. Die Marquise knüpfte den lang unterbrochenen Unterricht ihrer Kinder wieder an und suchte, für die Feierstunden, ihre Staffelei und Bücher hervor, als sie sich, sonst die Göttin der Gesundheit selbst, von wiederholten Unpäßlichkeiten befallen fühlte, die sie ganze Wochen lang für die Gesellschaft untauglich machten. Sie litt an Übelkeiten, Schwindel und Ohnmachten, und wußte nicht, was sie aus diesem sonderbaren Zustand machen solle. Eines Morgens, da die Familie beim Tee saß, sagte die Marquise, aus einer langen Gedankenlosigkeit erwachend, zu ihrer Mutter: »Wenn mir eine Frau sagte, daß sie ein Gefühl hätte ebenso wie ich jetzt, da ich die Tasse ergriff, so würde ich bei mir denken, daß sie in gesegneten Leibesumständen wäre.« Frau von G. sagte, sie verstände sie nicht. Die Marquise erklärte sich noch einmal, daß sie eben jetzt eine Sensation gehabt hätte wie damals, als sie mit ihrer zweiten Tochter schwanger war …

Sie beschloß, sich ganz in ihr Innerstes zurückzuziehen, sich mit ausschließendem Eifer der Erziehung ihrer beiden Kinder zu widmen und des Geschenks, das ihr Gott mit dem dritten gemacht hatte, mit voller mütterlicher Liebe zu pflegen. Sie machte Anstalten, in wenig Wochen, sobald sie ihre Niederkunft überstanden haben würde, ihren schönen, aber durch die lange Abwesenheit ein wenig verfallenen Landsitz wiederherzustellen; saß in der Gartenlaube und dachte, während sie kleine Mützen und Strümpfe für kleine Beine strickte, wie sie die Zimmer bequem verteilen würde; auch, welches sie mit Büchern füllen und in welchem die Staffelei am schicklichsten stehen würde …

Aus: »Die Marquise von O.«
von Heinrich von Kleist (1777-1811)

… Ein ganz neuer Abschnitt ihres Lebens

Lieber Theo! Wie ich Dir gestern schrieb, war ich in Leiden. Sien ist gestern Nacht niedergekommen, hatte eine sehr schwere Entbindung, ist aber Gott sei Dank lebend davongekommen, und auch ein außergewöhnlich lieber kleiner Junge.

Ihre Mutter, ihr erstes Kind und ich gingen zusammen hin; Du kannst Dir denken, daß wir in großer Aufregung waren, als wir im Krankenhaus die Schwester nach ihr fragten, da wir nicht wußten, was wir zu hören bekämen.

Wir waren so froh, als man sagte: »Diese Nacht … aber Ihr dürft nicht lang mit ihr sprechen.« … Es hätte auch lautenkönnen: »Du wirst sie nie mehr sprechen.« Theo, ich war so glücklich, sie wiederzusehen! Sie lag nah am Fenster, das auf einen Garten voll Sonnenlicht und Grün hinausging, und durch die Erschöpfung war sie in einem Zustand zwischen Schlaf und Wachen, und dann blickte sie hoch und sah uns alle. Mein Lieber, wie sie uns anblickte, und wie froh sie war, uns zu sehen, weil wir zufällig exakt zwölf Stunden nach dem Ereignis kamen, und weil man nur eine Stunde pro Woche zu Besuch kommen darf. Und sie heiterte sich so auf und war in jeder Beziehung in dem Moment bei ganz klarem Bewußtsein und fragte nach allem. Aber was ich nicht genug bewundern kann, ist das Kind, besonders darum, weil es, wenngleich man es mit der Zange holte, kein bißchen verletzt ist, und weil es in seiner Wiege mit einem Ausdruck von solcher Weltweisheit lag ...

Wenn Sien aus ihrer früheren Misere heraus ist, dann beginnt ein ganz neuer Abschnitt ihres Lebens; ihr Lenz ist vorbei und war nichts als rauh, den gewinnt sie nicht retour, aber um so frischer kann ihr Johannistrieb jetzt sein.

Du weißt ja, wie die Bäume in der Mitte des Sommers, wenn die größte Hitze vorbei ist, wieder neue frische junge Blätter und Zweige austreiben und wie eine neue Schicht Grün die alte vertrocknete überwächst ...

VINCENT VAN GOGH (1853-1891) AN SEINEN BRUDER THEO,
ANFANG JULI 1882.

Ein Original

Der ältere Sohn war zehn, der jüngere neun Jahre alt, als in der Familie Teufenberg abermals ein freudiges Ereignis eintrat. Der Hausvater war seit einigen Wochen abwesend. Ein Geschäftsfreund in England hatte ihn eingeladen. Ein Telegramm, das die Nachricht brachte, ihm sei eine Tochter geboren, und Mutter und Kind befänden sich wohl, traf ihn vor dem Modell eines Laufkrans … Gabriel hatte daheim alles in bester Ordnung gefunden, seine Frau und seine Söhne in blühender Gesundheit. Nach dem neuen Ankömmling, der Tochter, fragte er nicht, und Frau Cäcilie führte ihren Vorsatz aus, keine Erwähnung von der Kleinen zu tun, solange ihr Vater sie ignorierte. Die zwei Jünglinge hielten aber das Schweigen über ihre Schwester nicht aus. Nach Tische nahm jeder einen Arm des Papa, und sie geleiteten ihn ins Kinderzimmer ... Mittendrin lag etwas Winziges, ein Miniaturmenschengebilde mit kugelrundem Gesichtchen, großen blauen Augen, die einen so merkwürdig fest und ruhig ansahen, und mit einem feinen Näschen und einem halb geöffneten Mund, dem Munde eines Cherubs, der eben anfangen will zu singen. Und ein paar zarte Hände erhoben sich und fochten ganz unvernünftig und sinnlos in der Luft herum.

Teufenberg betrachtete das kleine Ding so aufmerksam, daß er die komplizierteste Maschine nicht aufmerksamer hätte betrachten können, und legte langsam und vorsichtig den Zeigefinger in eines der kleinen Händchen, das sich sogleich an ihn anklammerte. Und in diesem Moment ging eine Veränderung mit Gabriel Teufenberg vor. Seine Stimme klang weich, wie sie nie geklungen hatte, als er jetzt plötzlich sagte: »Ein Mädchen, sieh da, ein Mädchen.«

»Deine Tochter Gabriele«, sprach seine Frau, ganz erstaunt über den Eindruck, den der Anblick des Kindes auf ihn machte. Von dem Händchen, das sich noch immer an den Finger des Vaters klammerte, ging ein Fluidum aus, eine Kraft, etwas Belebendes, Erweckendes, und durchströmte den ganzen großen, breiten Menschen vom Wirbel bis zur Sohle. Wie wenn eine Flamme sich in seinem Innern entzündet hätte und allmählich eine milde Wärme durch seine Adern triebe, so war es. Er beugte sich, küßte die Hände und das Gesicht des Kindleins und wendete sich dann zu seiner Frau.

»Ich danke dir, daß du mir eine so liebe Tochter geschenkt hast«, sagte er. Sein Blick fiel auf seine Söhne und blieb lange auf ihnen haften »Und zwei so liebe Jungen ...«

Aus: »Ein Original«
von Marie von Ebner-Eschenbach (1830-1916)

Und freute sich in ihrem Herzen sehr ...

Maria war zu Bethlehem,
Wo sie sich schätzen lassen wollte;
Da kam die Zeit, daß sie gebären sollte,
Und sie gebar ihn –
Und als sie ihn geboren hatte
Und sah den Knaben nackt und bloß;
Fühlt sie sich seelig, fühlt sie sich groß
Und nahm voll Demut ihn auf ihren Schoß
Und freuet sich in ihrem Herzen sein,
Berührt den Knaben zart und klein
Mit Zittern und mit Benedei'n,
Und wickelt ihn in Windeln ein ...
Und bettete ihn sanft in eine Krippe hin,
Sonst war kein Raum für ihn.

Den aller Weltkreis nie beschloß,
Der liegt jetzt in Marien Schoß.
Er ist ein Kindlein worden klein,
Der alle Ding erhält allein ...

Da liegt und schlummert er,
Die Äuglein zugetan!
– O du Barmherziger!
Komm Alles um ihn her,
Und dien' und bet' ihn an.

Aus: »Weihnachts-Kantilene«
von Matthias Claudius (1740-1815)

Das erste Wort »Mam«

Weit zurück, in dem leeren Nichts ist etwas wie Wonne und Entzücken, das gewaltig fassend, fast vernichtend in mein Wesen drang und dem nichts mehr in meinem künftigen Leben glich. Die Merkmale, die fest gehalten wurden, sind: Es war Glanz, es war Gefühl, es war unten. Dies muß sehr früh gewesen sein, denn mir ist, als liege eine hohe, weite Finsternis des Nichts um das Ding herum.

Dann war etwas anderes, das sanft und lindernd durch mein Inneres ging. Das Merkmal ist: Es waren Klänge.

Dann schwamm ich in etwas Fächelndem, ich schwamm hin und wieder, es wurde immer weicher und weicher in mir, dann wurde ich wie trunken, dann war nichts mehr.

Diese drei Inseln liegen wie feen- und sagenhaft in dem Schleiermeere der Vergangenheit, wie Urerinnerungen eines Volkes.

Die folgenden Spitzen werden immer bestimmter, Klingen von Glocken, ein breiter Schein, eine rote Dämmerung.

Ganz klar war etwas, das sich wiederholte. Eine Stimme, die zu mir sprach, Augen, die mich anschauten und Arme, die alles milderten. Ich schrie nach diesen Dingen.

Dann war Jammervolles, Unleidliches, dann Süßes, Stillendes. Ich erinnere mich an Strebungen, die nichts erreichten, und das Aufhören von Entsetzlichem und zu Grunderichtendem. Ich erinnere mich an Glanz und Farben, die in meinen Augen, an Töne, die in meinen Ohren, und an Holdseligkeiten, die in meinem Wesen waren.

Immer mehr fühlte ich die Augen, die mich anschauten, die Stimme, die zu mir sprach, und die Arme, die alles milderten. Ich erinnere mich, daß ich das »Mam« nannte …

Hierauf erhob sich die Außenwelt vor mir, da bisher nur Empfindungen wahrgenommen worden waren. Selbst Mam, Augen, Stimme, Arme waren nur als Empfindung in mir gewesen … Mam, was ich jetzt Mutter nannte, stand nun als Gestalt vor mir.

Aus: »Autobiographische Skizzen«
von Adalbert Stifter (1805-1868)

KRABBELSTUBE

Ein Kind ist ein Engel, dessen Flügel schrumpfen, während die Füße wachsen.

FRANKREICH

Das ist ein süsser Schlummer

Die Mutter lullt den Knaben
Mit süßen Liedern ein;
Er will's nicht anders haben,
Sie muß am Bettchen sein.

Wie kann's der Schelm nur wissen,
Ob sie am Bette sitzt,
Der kaum aus seinem Kissen
Mit halbem Auge blitzt?

Und wie er ohne Kummer
Frisch atmend rosig liegt!
Das ist ein süßer Schlummer,
In den die Lieb' uns wiegt.

Eduard Bauernfeld (1802-1890)

Babys Tänzchen

Tanz, mein Kindchen, tanz vergnügt und frei,
Keine Sorge, Kindchen, Mama bleibt dabei;
Hopsa und heissa und hopsassassa –
Und, liebes Kindchen, schon bist du da!
Hoch bis zur Decke, hinunter zum Grund,
Vorwärts und rückwärts, schön in der Rund;
Bravo, mein Kindchen, Mama singt dazu,
Kann sie den Text nicht, singt sie Schubididu.

Ann Taylor (1782-1866)*

Wiegenlied

Im Himmel ist ein Karussell,
das dreht sich Tag und Nacht.
Es dreht sich wie im Traum
so schnell,
Wir sehn es nicht, es ist zu hell
Aus lauter Licht gemacht;
Still, mein Wildfang, gib acht!

Gib acht, es dreht die
Sterne, du,
im ganzen Himmelsraum.
Es dreht die Sterne ohne Ruh
Und macht Musik, Musik dazu,
So fein, wir hören's kaum;
Wir hören's nur im Traum.

Im Traum, da hören wir's von fern,
Von fern im Himmel hell.
Drum träumt mein Wildfang gar
so gern,
Wir drehn uns mit auf einem Stern;
Es geht uns nicht zu schnell,
Das große Karussell.

AUS: »DER KINDERGARTEN«
VON RICHARD DEHMEL (1863-1920)

Lebenstanz

Lächle noch! Schlafe! Die Welt ist
ferne, verschlossen und leis.
Spiele noch! wo du umstellt bist
von einem zarten Geheiß.

Wind weht in süßestem Wehen
Blumen und Falter dir zu.
Du auf den rosigen Zehen
hebst dich in kindlichstem Schuh.

Himmel im blauesten Kleide
ist da dein einzig Gewand.
Sonne in goldenster Seide
fließt dir aus jauchzender Hand.

Einst wirst du schwerer geschmückt sein,
bebend in anderem Tanz
wirst du der Sonne entrückt sein
zu einem tieferen Glanz.

Rudolf G. Binding (1867-1938)

Praktische Lösung

Du warst noch so ein kleines Mädchen
Von acht, neun Jahren ungefähr,
Da fragtest du mich vertraut und wichtig
Wo kommen die kleinen Kinder her?

Als ich nach Jahren dich besuchte,
Da warst du schon über den Fall belehrt,
Du hattest die alte vertrauliche Frage
Hübsch praktisch gelöst und aufgeklärt.

WILHELM BUSCH (1832-1908)

Tagebuchblatt

Am 2. Oktober 1839, nachts 12 Uhr, bin ich geboren. Meine erste Erinnerung ist etwas wie Sonnenschein und warmer Sand, in dem ich vor dem Hause spielte. Wie ich meine Mutter kennenlernte, weiß ich nicht mehr; aber meine Erinnerung reicht weit zurück, und das Bewußtsein, daß ich ein anderes sei als meine Mutter, erwachte, als sie mich von ihrer Brust entwöhnte. Ich erinnere mich noch meines Zornes, und der Sinn für Örtlichkeit und Umgebung mag mir wohl damals zuerst aufgegangen sein. Ich erinnere mich noch ganz genauer Umstände: so des grünen Ofens im Winkel, wo ich mit der Mutter war. Ich meine, daß ich schon gehen konnte und etwa ein Jahr alt gewesen sein mag. Doch es ist eine dunkle Zeit. Ich lernte meinen Vater kennen. Deutlich erinnere ich mich zuerst an ihn, wie er Schindeln spaltete und ich am Boden mich für die Abfallhölzer interessierte. An meinen Bruder Hilarius, der neun Jahre älter war als ich, erinnere ich mich aus einem Streit über mein und dein. Es handelte sich um ein Bildchen, worauf, wie man mir sagte, ein Leopard war. Ich hatte heftigen Willen es zu besitzen; es gehörte aber sein, und er nahm es. Ich saß in einer Ecke und schrie: Leopard oh! Leopard oh! Es war Kunstliebe.

Hans Thoma (1839-1924)

An meinen Schutzengel

Den Namen weiß ich nicht. Doch du bist einer
Der Engel aus dem himmlischen Quartett,
Das einstmals, als ich kleiner war und reiner,
Allnächtlich Wache hielt an meinem Bett.

Wie du auch heißt – seit vielen Jahren schon
Hältst du die Schwingen über mich gebreitet
Und hast, der Toren guter Schutzpatron,
Durch Wasser und durch Feuer mich geleitet.

Du halfst dem Taugenichts, als er zu spät
Das Einmaleins der Lebensschule lernte.
Und meine Saat, mit Bangen ausgesät,
Ging auf und wurde unverhofft zur Ernte.

Seit langem bin ich tief in deiner Schuld.
Verzeih mir noch die eine – letzte – Bitte
Erstrecke deine himmlische Geduld
Auch auf mein Kind und lenke seine Schritte.

Er ist mein Sohn. Das heißt: Er ist gefährdet.
Sei um ihn tags, behüte seinen Schlaf.
Und füg es, daß mein liebes schwarzes Schaf
Sich dann und wann ein wenig weiß gebärdet.

Gib du dem kleinen Träumer das Geleit.
Hilf ihm vor Gott und vor der Welt bestehen.
Und bleibt dir dann noch etwas freie Zeit,
Magst du bei mir auch nach dem Rechten sehen.

Mascha Kaleko, 1987

Für ein Kind

Komm, nicht mehr weinen, nicht mehr schrei'n, mein Leben,
Herzchen, ein Messer kann ich dir nicht geben!
Gleich faßt du andre Sachen in die Augen,
Dann lachst du, magst an Tränen nicht mehr glauben.
Du armer Krabbelkäfer, du mußt stein'ge Wege geh'n.
Du lernst, wenn's weh tut, wie die Schmerzen dir entsteh'n,
Daß Würmer in den Äpfeln, daß ein Feuer brennt.
Alles scheint dir begehrenswert, was unsereins längst kennt.
Das Gute, wie das Böse willst du haben jetzt,
Ein andermal bist du von allem bodenlos entsetzt.
Bist ungebildet, aber weise! Du findest immer
Den Weg auf Mamas Schoß; da droht Gefahr dir nimmer.
Du lehnst den kleinen Kopf an Mamas Brust
Und jeder Atemzug beruhigt dich, liebe Lust.

Menschlein im Miniaturformat! Wie rührst du mich!
Ein Kind bist du – ein Riesenungetüm bin ich.
So rasch erzürnt, so rasch bist du auch friedlich,
Erschreckt ein Nichts dich, macht ein Nichts dich glücklich.
Verdrießlich ohne Grund, weist jede Hand du bös zurück,
Und greifst ein andermal geschickt dein Stück vom Glück.

Samuel Taylor Coleridge (1772-1831)*

Der Appenzeller Vogel

Von dem Augenblick an, da die Mutter das Kind auf den Schoß nimmt, unterrichtet sie es, indem sie das, was die Natur ihm zerstreut, in großen Entfernungen und verwirrt dalegt, seinen Sinnen näherbringt und ihm die Handlung des Anschauens und folglich die von ihr abhängende Erkenntnis selber leicht, angenehm und reizend macht ... Sie will nicht unterrichten, sie will bloß ihr Kind beruhigen, sie will es beschäftigen. Aber demungeachtet geht sie den hohen Gang der Natur in seiner reinsten Einfachheit, ohne daß es ihr bekannt ist, was diese durch sie tut – und die Natur tut doch sehr viel durch sie; sie eröffnet dem Kind auf diese Weise die Welt ...

Gott, was wäre für die Menschheit gewonnen! Aber wir sind auch hierin nicht einmal so weit als das Appenzeller Weib, das seinem Kinde schon in den ersten Wochen seines Lebens einen mit vielen Farben bemalten, großen papiernen Vogel über die Wiege hängt und auf diese Weise bestimmt den Punkt bezeichnet, an welchem die Kunst anfangen sollte, dem Kinde die Gegenstände der Natur zum festen und klaren Bewußtsein zu bringen.

Wer es gesehen, wie das zwei- und dreiwöchige Kind mit Händen und Füßen nach diesem Vogel hinlangt, und sich dann denkt, wie leicht es der Kunst möglich wäre, durch eine Reihenfolge solcher sinnlicher Darstellungen ein allgemeines Fundament der sinnlichen Anschauung aller Gegenstände der Natur und Kunst bei dem Kinde zu legen ... Mir ist der Appenzeller Vogel, wie dem Ägypter der Stier, ein Heiligtum, und ich habe alles getan, meinen Unterricht bei dem Punkt, von welchem das Appenzeller Weib ausgeht, anzufangen.

Jede gute Menschenerziehung fordert, daß das Mutterauge in der Wohnstube täglich und stündlich jede Veränderung des Seelenzustandes ihres Kindes mit Sicherheit in seinem Auge, auf seinem Munde und seiner Stirne lese.

Aus: »Wie Gertrud ihre Kinder lehrt«
und »Das Vorbild häuslicher Erziehung«
von Johann Heinrich Pestalozzi (1746-1827)

KINDHEIT

Aus der Art, wie das Kind spielt, kann man erkennen, wie es als Erwachsener seine Lebensaufgabe ergreifen wird.

RUDOLF STEINER (1861-1925)

Die Qual der Namenswahl

Eine Schwester, eine neue, hab ich grad gekriegt,
Die ich küßte, als sie kaum das Licht der Welt erblickt.
Als die Kinderfrau sie zu Papa gebracht,
Hat er halb geweint und halb gelacht.
Über meine kleine Schwester, hat er zu mir gesagt:
»Schatz, ich hab mich lange schon gefragt,
Welchen Namen wir dem Kindchen geben?
Schließlich läuft sie dann damit durchs Leben!
Sei so lieb, entscheide, wie sie heißen soll.
Bald ist Taufe. Das wär einfach toll!«

Und nun steh ich da und grüble rum.
Arabella oder Stella wär nicht dumm.
Ob ihr Rita oder Anna wohl gefällt?
Vielleicht Zita? Und Susanna? Durch die Welt
Soll als Kunigunde sie nicht laufen!
Rosamunde fänd ich ganz zum Haare-Raufen!
Die sind aus der Mode, ebenfalls Rosine,
besser find ich dann doch Caroline.
Eine Caroline hatten wir vor gut zwei Jahren,
Die starb rasch, bevor wir richtig Freunde waren.
Nein, bei Caroline würde Mama wieder weinen!
Besser wär drum Edith, würd ich meinen,
Doch heißt Nachbars Edith ausgerechnet so.
Claudia macht nur noch Modefritzen froh.
Ach, bei Flora denkt man an Fleurop,
Und Ottilie ist nicht mehr on the Top …
Der Papa, der macht sich das zu leicht!
Ich geb's auf zu suchen, Schluß, das reicht.
Schließlich sind das ernste Fragen.
Soll er sich mal selber plagen.

Nach einem Gedicht der Geschwister
Charles Lamb (1775-1834) und Mary Lamb (1764-1847)*

Wie gross war Wesselburen

Es war für mich ein unvergeßlicher und bis auf den gegenwärtigen Tag fortwirkender Moment, als meine Mutter mich den Abendspaziergang, den sie sich in der schönen Sommerzeit an Sonn- und Feiertagen wohl gönnte, zum erstenmal teilen ließ. Mein Gott, wie groß war Wesselburen: fünfjährige Beine wurden fast müde, bevor sie ganz herumkamen! Und was traf man alles unterwegs! Schon die Namen der Straßen und Plätze, wie rätselhaft und abenteuerlich klangen sie! »Nun sind wir auf dem Lollfuß. Das ist Blankensu! Hier geht's zum Klingelberg hinüber! Dort steht das Eichennest!« Je weniger sich ein Anhaltspunkt für sie fand, um so sicherer mußten sie Mysterien verbergen. Nun gar die Sachen selbst! Die Kirche, deren metallene Stimme ich schon so oft gehört hatte; der Gottesacker mit seinen düsteren Bäumen und seinen Kreuzen und Leichensteinen; ein uraltes Haus, das ein »Achtundvierziger« bewohnt haben und in dessen Keller ein vom Teufel bewachter Schatz verborgen sein sollte; ein großer Fischteich all diese Einzelheiten flossen für mich ... zu einem ungeheuren Totalbild zusammen ... Ich habe seitdem den Dom von St. Peter und jedes deutsche Münster gesehen, ich bin auf dem Père Lachaise und an der Pyramide des Cestius gewandelt; aber wenn ich im allgemeinen an Kirchen, Friedhöfe usw. denke, so schweben sie mir noch jetzt in der Gestalt vor, in der ich sie an jenem Abend erblickte.

Aus: »Aufzeichnungen aus meinem Leben«
von Friedrich Hebbel (1813-1863)

Der kleine Seemann

Ich hab' ein Schiff gebauet,
Seht her! ich setz' es aus.
Es segelt flott vom Lande
Hinüber nach dem Strande
Trotz Wind und Wellenbraus …

In meinem roten Hemde,
Mit meinem runden Hut,
So fahr' ich als Matrose
Durchs wilde Meergetose
Voll Ruh' und frohem Mut.

A. H. Hoffmann von Fallersleben (1798-1874)

Lenz, wer kann dir widersteh'n?

Durch das Wiesengrün, das linde,
Wander ich mit meinem Kinde
Und es kann an Murmelbächen
Nicht mit stummen Lippen geh'n –
Wann die Knospen alle brechen,
Wollen Lippen sich entfalten,
Auf den jungen, auf den alten,
Will ein kleines Lied entsteh'n.

Lieb und Lust und Leben saugen
Will ich aus den Kinderaugen,
In dem Blicke meiner Kleinen
Will ich nach dem Himmel späh'n.
Ja, es ist das gleiche Scheinen,
Hier im Blauen, dort im Blauen,
Und das selbige Vertrauen –
Lenz, wer kann dir widersteh'n?

Conrad Ferdinand Meyer (1825-1898)

Nun ruhen alle Wälder

Nun ruhen alle Wälder,
Vieh, Menschen, Stadt und Felder,
es schläft die ganze Welt.
Ihr aber, meine Sinnen,
auf, auf ihr sollt beginnen,
was eurem Schöpfer wohlgefällt.

Breit aus die Flügel beide,
o Jesu, meine Freude
und nimm den Küchlein ein!
Will Satan mich verschlingen,
so laß die Englein singen:
»Dies Kind soll unverletzet sein.«

Auch euch, ihr meine Lieben,
soll heute nicht betrüben
kein Unfall noch Gefahr.
Gott laß euch selig schlafen,
stell euch die güldnen Waffen
ums Bett und seiner Engel Schar.

Paul Gerhardt (1607-1667)

An meinen Sohn

Von den Füßen bis zu den gelockten Haaren,
immer muss ich dich belächeln
und möchte mit der Sonne und dem Wind,
mit Brot und Milch und Früchten
mitbaun an dir.

Möchte, dass der Regen über dich komme
und deine Schulter breit mache,
dass dein Weg weit sei
und deine Schritte ihn leicht bezwingen.

Wenn du fern bist:
gleich fühle ich mich wie die große Erde.
Wenn du auf dem Meer bist,
bin ich das Wasser.
Ich lasse dich nie aus meinem Schoß fallen.

Paula Ludwig (1900-1974)

Meine Mutter

Wer hat mich einst mit eig'ner Milch genährt
Und wessen Arm hat sich als weiches Bett bewährt?
Wer küßte mich so froh und unbeschwert?
Du, meine Mutter.

Wenn Kummer, Krankheit, Schmerzen mich
  zum Weinen brachten,
Wer gab mir Trost und scherzte, bis ich lachte?
Und weinte heimlich selbst, weil sie sich Sorgen machte?
Du, meine Mutter.

Wer nähte meinen Puppen hübsche, bunte Kleider
Und spielte mit mir Ringelreih'n und Hoppereiter?
Wer hörte zu, was ich auch sagte, war dabei stets heiter?
Du, meine Mutter.

Wer kam, wenn ich mal hinfiel, angerannt?
Und suchte mich, wenn ich mal durchgebrannt?
Wem lauscht' ich, wenn sie vorlas, ganz gebannt?
Du, meine Mutter.

Und könnt' ich aufhör'n je, zu lieben dich,
Zärtlich und dankbar zu erinnern mich,
Wer um mich immer hat gekümmert sich
Du, meine Mutter!

Ann Taylor (1782-1866)*

Feiertagsfreuden

Kein Festtag ist im ganzen Jahr,
Der uns nicht etwas brächte,
Und wer am meisten Freuden bringt,
Das ist für uns der rechte,

Und ist die Fastnacht wieder da,
Dann kommt der Gästebitter,
Wir gehen dann zum Faschingsschmaus
Und essen arme Ritter.

Und sind die Ostern wieder da,
Da backt die Mutter Kuchen;
Im Garten laufen wir umher,
Gehn Ostereier suchen ...

Zuletzt kommt dann die schönste Zeit,
Wenn Weihnacht wiederkehret,
Und wer dann heuer artig war,
Dem wird was einbescheret!

A. H. Hoffmann von Fallersleben
(1798-1874)

Mutters Mantel

Ich hatte indessen die Lisei am Kleide gezupft und war glücklich mit ihr nach unserem Garten entkommen … Meine Mutter kam aus ihrer Küche und begann ein Gespräch mit dem Puppenspielerkinde; sie hatte denn doch auch so ihre kleine Neugierde.

Wie es denn heiße, fragte sie, und ob es denn schon immer so von Stadt zu Stadt gefahren sei? – Ja, Lisei heiße es – ich hatte das meiner Mutter auch schon oft genug gesagt –, aber dies sei seine erste Reis'; drum könne es auch das Hochdeutsch noch nit so völlig firti krieg'n. – Ob es denn auch zur Schule gegangen sei? – Freili; es sei scho zur Schul gang'n; aber das Nähen und Stricken habe es von seiner alten Bas gelernt; die habe auch so a Gärtl g'habt, da drin hätten sie zusammen auf dem Bänkerl gesessen; nun lerne es bei der Mutter, aber die sei gar streng!

Meine Mutter nickte beifällig ... Ja, ob's denn auch ein warmes Mäntelchen für die Weiterreise habe? denn so im Oktober würde es schon kalt auf dem offenen Wägelchen. – Nun, meinte Lisei, ein Mäntelchen habe sie schon, aber ein dünnes sei es nur; es habe sie auch schon darin gefroren auf der Herreis'.

Und jetzt befand sich meine gute Mutter auf dem Fleck, wonach ich sie schon lange hatte zustreben sehen. »Hör, kleine Lisei«, sagte sie, »ich habe einen braven Mantel in meinem Schranke hängen, noch von den Zeiten her, da ich ein schlankes Mädchen war; ich bin aber jetzt herausgewachsen und habe keine Tochter, für die ich ihn noch zurechtschneiden könnte. Komme nur morgen wieder, Lisei, da steckt ein warmes Mäntelchen für dich darin.«

... nun begann eine Zeit des schönsten Kinderglückes. – Nicht nur am andern Vormittage, sondern auch an den folgenden Tagen kam das Lisei; denn sie hatte nicht abgelassen, bis ihr gestattet worden, auch selbst an ihrem neuen Mäntelchen zu nähen.

AUS: »POLE POPPENSPÄLER« VON THEODOR STORM (1817-1888)

Murmelspiel

Wir sahen nichts, wir hörten nichts
am Pflaster im Wirrwarr der Fugen.
Ein Hufnagel, rostig, genügte uns
und Säckchen, die Murmeln trugen.
Berauschend war es und Klicker genannt.
Unter dem Namen war es bekannt,
und fragt mich nicht warum.

Wenn große Wagen, voll von Eis
und anderen schweren Lasten
und Menschen am Veloziped
an uns vorüberrasten,
saßen wir hockend bei unserem Spiel
und dachten nur an unser Ziel,
und fragt mich nicht warum.

Ich hatte damals für gar nichts Augen,
war geizig, tat mir nichts zugute
und wenn mir ein Kutscher Murmeln zertrat,
war mir zum Heulen zumute.
Das Spielfeld schützte ich mit Bedacht,
ich gab auf alle Füße acht,
und fragt mich nicht warum.

Das Spiel, das läßt dich alles vergessen,
es gibt dir keine Ruhe,
du siehst nur die verstaubten Sohlen
und die verstaubten Schuhe.
Doch sah ich einen Mädchenschuh gehn,
so hab ich mich gleich umgesehen,
und fragt mich nicht warum.

Jaroslav Seifert (1901-1986)

M.I. Gow
1881

Brief eines kleinen Mädchens

Liebe Machtha! laß Dir sagen,
Wie mein Pfingstradausflug war:
Hermsdorf, Stolpe, Schmachtenhagen,
Und summarum sieben Paar.
Sieben Paare? Nein ... Die Träne
Steicht mir hoch, und inwiefern?
Ich (als Einzige) war alleene;
Bin zu grün; noch ohne Herrn ...

Während wir im dicksten Drecke
Schwitzten bei Oranienburch,
Sah man schwarze Mummelsäcke
Oben durch die Bäume durch.
Dann als wir nach Liepnitz machten,
War der Himmel bläulich-rot;
Lange saßen wir im Gachten,
Abends fuhren wir noch Boot.

Weiter ging es ... Still war Jeder.
Huh, die Forst lag schummergrau.
Nochmals stoppten wir die Räder,
und wir schliefen in Bernau;
Hundemüde ging ich oben;
Streifte meine Hülle ab:
Einsam; denn die Andren schoben
Kegel – aber nicht zu knapp.

Habe doof und beinah schwindlig
Meine Schuhe rausgestellt.
Machtha-Kind! wie unergründlich
Ist doch unsre Menschenwelt.
Weiß nicht, wie ich mir dies Beben
Meines Ichs erklären soll.
Machtha! vor mir liecht das Leben –
und es ist jeheimnisvoll.

Alfred Kerr (1867-1948)

Kindheitserlebnisse

Zweifellos bleibt das Bild der Kindheit in einem Menschen bis zu seinem Tode gleichmäßig lebendig. Mag sein, daß mit der Ausgeglichenheit des Älterwerdens die Erlebnisse von damals, soweit sie scheinbar unvermerkt aus der täglichen Umgebung und Gewohnheit hervorgegangen sind, nun, da sie ihrer Bestimmung gemäß den Menschen geformt haben, die Kraft der Eindringlichkeit und das unmittelbar Überraschende ein wenig eingebüßt haben. Das Liebliche oder Drangvolle, ja sogar der Geruch der einstigen Empfindung sind dennoch geblieben. Der Schmerz ist verweht, und auch die Freude ist nur noch milde Erinnerung, aber nichts ist vergessen, die Farben auf dem Bilde sind nur leicht verblaßt. Sie gewinnen sogleich wieder die ursprüngliche Leuchtkraft, wenn uns ein ähnlicher Schmerz überfällt oder eine gleichartige Freude beglückt. Um wieviel heftiger aber erst ergreift uns der unverlöschte Schauder von einst, wenn wir uns an ungewöhnliche Erlebnisse aus jener Zeit erinnern.

Aus: »Das Leben meiner Mutter«
von Oskar Maria Graf (1894 - 1967)

Zwei Frauen – die ersten meines Lebens

Meine Mutter das waren die Zimmer, die sie bewohnte, die Bücher und Schmuckstücke, die ihr gehörten, war das stumme Zeugnis ihres großen Flügels. Sie war für mich nicht eigentlich ein Wesen von Fleisch und Blut, und selbst wenn sie wirklich bei uns war, tat sie wenig oder nichts von dem, was ich je als vertraut empfunden hätte …

Mein Vater und Deb waren wahrhaft Liebende und ihre Ehe war von innen her eine heitere Ehe. Wir lebten zu dritt in aller Freundschaft zusammen. Dem Kind war alle die Wärme beschieden, deren es zu seinem Wachstum bedurfte. Meine Mutter besuchte ich in regelmäßigen, wenn auch weit auseinanderliegenden Zeitabständen, und stets nur auf eine kürzere Frist so zu Weihnachten, an Geburtstagen, während der Ferien. Darum war für mich mit ihrer Person, ihrem eleganten dunklen Kopf und den knochigen Handgelenken, an denen stets so prachtvolle, in der ganzen Welt zusammengekaufte Armbänder klirrten, die Vorstellung von alledem verbunden, was Aufregung oder Ereignis, Unterhaltung und Gesellschaft hieß, die Vorstellung auch von Leuten, die sich bei meinem Anblick in Ausrufen ergingen, und von der Abschaffung jenes Fallbeils aller Freuden, der frühen Schlafenszeit. Bisweilen spülte die Flut des Erwachsenendaseins auch über mich hinweg und ließ mich gestrandet, verlassen, in irgendeiner Sofaecke zurück, in der ich mir zum Schutz vor der Grelle noch nicht ausgeschalteten Lichts die Augen rieb. Was lag aber schon daran? Durfte ich nicht fest damit rechnen, am folgenden oder nächstfolgenden Tage wieder meinem Vater und Deb und dem geruhsamen Rhythmus meiner Kinderzeit überantwortet zu werden?

Darum waren umgekehrt aber auch mein Heim und Deb und Vater gleichbedeutend mit der Vorstellung des Alltäglichen, das, mitsamt der Zeit der Langeweile, der kleinen Übertretungen und Bestrafungen, den größeren Teil meines Lebens zu füllen hatte. Wenn ich auf ein Wochenende oder einen einzelnen Tag bei meiner Mutter zu Besuch war, trug

ich, wie es einem außerordentlichen Ereignis angemessen war, mein würdigstes Benehmen zur Schau … Wenn ich also daheim widerborstig war und mein Vater oder Deb mich zu bestrafen hatte, so wiegelte ich mich gegen ihre Person mit der festen Überzeugung auf, daß meine Mutter mich niemals bestrafen würde, niemals. In diesen Augenblicken der Erbitterung, des Gekränktseins, konnte ich sie deutlich, leibhaftig vor mir sehen, im Lichterschein des Christbaums oder im Flammenring der Geburtstagskerzen, mein guter Engel im Kampf gegen eine Welt, die sich meinem Willen nicht rückhaltlos fügen wollte.

Aus: »Zwei Frauen …« von Nadine Gordimer (1923)

Alte Tischsitten für den Nachwuchs

Ich weiß still man ins Eßzimmer geht
Und ich sprech' vor dem Essen ein Dankgebet.
Bin geduldig, wünschte ich auch, es ging' schneller
Und reich, wenn man mich fragt, nicht vorher, den Teller.
Ich soll nicht zanken, quengeln, schmollen,
Den Stuhl nicht verrücken, den Teller nicht rollen.
Mit Messer und Gabel, mit Serviettenringen
Soll ich nicht spielen; soll auch nicht singen.
Ich darf mit dummem Geplapper nicht stören;
Denn Kinder sieht man, die darf man nicht hören.
Ich soll beim Essen in den Teller nicht spucken,
Wenn's mir nicht schmeckt, den Ärger verschlucken.
Ich soll nicht sagen »Das Brot ist alt.« –
»Der Tee ist heiß.« – »Die Suppe ist kalt.«
Soll den Mund nicht nehmen zu voll
Und mit vollem Mund man nicht sprechen soll.
Hust' ich, schau' ich weg und nicht in die Mitte,
Und wenn ich was will, dann sag' ich schön »Bitte«.
Ein Taschentuch nehm' ich zum Naseputzen;
Denn das Tischtuch darf man nicht beschmutzen.
Ich soll, wenn ich fertig bin, sitzen bleiben
Und nicht auf dem Stuhl Gymnastik treiben.
Wenn man mir sagt »Kind, du darfst geh'n«,
Dann soll ich ruhig und leis' aufsteh'n.
Und soll mein Herz zu Gott erheben
Voll Lob und Dank für dies herrliche Leben.

Anonym, um 1858*

Nachhilfe für Mama

Liebe Mama, wärst du einmal bloß
Klein wie ich und nicht so groß,
Und die Mama wäre ich, da wär' was los.
Immer wär' ich lieb zu dir.
Ich ließ' dich spielen, wenn du fühlst,
Daß du jetzt am besten spielst,
Sagte nie »Wenn du das gern willst,
Wirst du Ärger kriegen mit mir.«

Zum Frühstück würde ich Kuchen dir geben
Und niemals würdest du es erleben,
Daß ich sagte »Kind, nicht eben
So ein großes Stück!«
Und nie »Ich hoffe, Schatz, es tut nicht not,
Daß ich dir klarmach' per Gebot
Der Haferbrei wird gegessen« oder »Vom Brot
Die Kruste läßt du nicht zurück.«

Ich sagte nie:
»Darüber darf ein Kind nicht lachen!«
Ich ließ' dich öfters Pause machen
Beim Lernen, sagte »All die schweren Sachen,
Armes Kind, wer das je verstehen soll!«
Ich packte die Hefte und Schulbücher ein,
Du solltest nur spielen und fröhlich sein
Und täglich feiern mit Gästen, wärst nie allein!
Ach! wär das nicht wundervoll!

Sydney Dayre (Mrs. Cochran)*

»Weil du zu jung bist«

Die Prinzessinen schliefen alle in einem großen, weißen Zimmer. Alles war hier weiß, die Wände, die Betten, die Toilettentische und die vielen Musselinvorhänge. Marie ließ sich von Alwine, der alten Kammerzofe, schweigend und regungslos wie eine Puppe entkleiden. Sie wollte schlafen, sie sehnte sich danach, diesen freudlosen Tag zu beschließen. Als sie im Bette lag und die Zofe fortgeschickt worden war, saßen Eleonore und Roxane noch beieinander und flüsterten. Marie hörte es dem Tonfall der Stimmen an, daß das Gespräch innig und rührend war, das rührte auch sie. Plötzlich begann auch sie mitzusprechen: »Ich kann es immer noch nicht verstehen, warum ich nicht mit zur Hochzeit fahren darf.«

»Weil du zu jung bist«, antwortete Roxane sanft.

»Zu jung«, erwiderte Marie böse, »das ist es nicht. Hochzeiten kann man auch mitmachen, wenn man nicht erwachsen ist. Es ist der Toilette wegen, und das finde ich so unglaublich kleinlich.« Da keine Antwort kam, schloß sie die Augen, allein die Erbitterung ließ sie nicht schlafen …

Der Morgen der Abreise nach Karlstadt kam. Für Marie waren die vorhergehenden Tage schon unerfreulich gewesen. Die anderen waren so sehr beschäftigt, man sprach von Toiletten, von Koffern, von der Abfahrtszeit der Züge, nur sie hatte nichts zu tun, sie konnte mit den Erzieherinnen spazierengehen und allein dem Geschichtsvortrag des Professors Wirth zuhören. Als der Augenblick der Abfahrt kam, hing Marie an Roxanes Hals und weinte leidenschaftlich, aber sie war mit ihrem Schmerz ziemlich allein. Selbst Roxane, von der Erregung der Abfahrt hingenommen, brachte es zu keiner tieferen Rührung. So fuhren sie denn ab. Marie ging in ihr Zimmer, warf sich auf das Bett und schluchzte. Zuweilen kam Alwine, nach ihr zu sehen, stand da und versuchte es, ihr zuzureden: »Wozu das Weinen? Wie lange wird es dauern, und Prinzeßchen wird selbst Hochzeit halten.«

Aus: »Fürstinnen« von Eduard Graf Keyserling (1855-1918)

G. CLAUSEN 1893.

Erwachsen werden

**Die Mutter bringt das Kind zur Welt,
und die Welt unterrichtet es.**

Amhara

… ALS HÄTTE ICH IHN SELBST GETRÄUMT

Im Winter aber brachte mir der Abend die schönsten Stunden. Wenn die Mutter den ganzen Tag unermüdlich für uns geschafft hatte, und der Abend zu dunkeln begann, dann setzte sie sich an den großen Ofen, mein Platz war zu ihren Füßen und meinen Kopf legte ich in ihren Schoß. So saßen wir eine Zeit lang halb träumend da. »Jetzt laßt mich gehen,« sagte sie dann zum Vater und zu den Geschwistern, und dann fing sie, die ich vor allen liebte, an zu erzählen, wunderschöne Erinnerungen aus ihren Jugendjahren, alte, längst verklungene Geschichten, die noch immer wie seltsame Märchen vor meiner Seele stehen. Aber besonders, wenn sie einen schönen wunderbaren Traum gehabt hatte, wußte sie ihn mir so deutlich zu erzählen, als hätte ich ihn selbst geträumt. Meine Augen streiften dann oft aus den Fenstern unserer Wohnstube, die auf einen alten verfallenen Kirchhof hinausgingen, über dessen zerfallende Hügel und morsche Kreuze hinaus und gruben sich in das dunkle Laub der alten Linden ein, die ihn in ein so tiefes Dunkel einhüllten …

AUS: »SELBSTBIOGRAPHIE« VON CARL LOEWE (1796-1869)

Der Wille des Herzens

Von diesen Sitzungen meines Vaters als Armenpfleger blieben mir nur diejenigen im Gedächtnis, welche im Winter stattfanden, in der Frühe des Morgens, wenn's noch dunkel war. Mein Vater saß dann an einem großen Tische, der mit Geldtüten jeder Größe bedeckt war; ... die große Tüte enthielt das Privatalmosen meines Vaters, die kleine das Geld der Armenkasse. Ich saß auf einem hohen Stuhle neben meinem Vater und reichte ihm die Tüten. Mein Vater wollte nämlich, ich sollte lernen, wie man gibt, und in diesem Fache konnte man bei meinem Vater etwas Tüchtiges lernen.

Aus: den »Memoiren« von Heinrich Heine (1797-1856)

Ich hatte mich gefunden

Wie deutlich steht mir der erste Abend in unserer Kindheitsstadt noch vor dem Gedächtnis … ich kauerte einsam mit verquollenen, tränenden Augen auf der grünen Bank vor dem Hause und blickte in dumpfem Hinbrüten den vorbeischießenden Schwalben nach, als auf einmal ein kleines, etwas schmutziges Händchen mir einen angebissenen rotbackigen Apfel hinhielt, ein Lockenköpfchen sich unter meine Nase drängte und ein feines Stimmchen sagte: »Nicht weinen, Junge, Mama auch Eierkuchen backen.«

Ich hatte damals große Lust, die kleine Trösterin zurückzustoßen, sie ließ sich aber nicht abweisen, und als ich über ihr Mitgefühl stärker zu schluchzen anfing, fing auch sie an zu weinen … Die kleine Marie aber führte mich zu ihrem Garten im Winkel, grub eine keimende Bohne hervor, zeigte sie mir jubelnd und versprach mir ein ähnliches Feld für meine Tätigkeit. Dann zogen wir uns in die Geißblattlaube zurück, wo der Tisch gedeckt war. Da fand ich neben dem Nähzeuge der Frau Rektorin ein Buch auf der Bank – ein Bilderbuch, welches mich den Wald, das Jägerhaus, den Ohm, den alten Burchhard, mein ganzes Heimweh zuerst vergessen ließ. Es war ein zerlesener und zerblätterter Band des welt- und kinderbekannten Bertuchschen Werks. Welch eine neue Welt ging mir da auf! – Und die kleine Marie lehnte neben mir, lachte, erklärte und kitzelte mich mit Strohhalmen; dann kam die Frau Rektorin mit dem Eierkuchen, und der Rektor verließ seinen Tacitus; die Glocken der alten Stadtkirche läuteten den morgigen Sonntag ein – ich hatte mich gefunden!

Aus: »Die Chronik der Sperlingsgasse«
von Wilhelm Raabe (1831-1910)

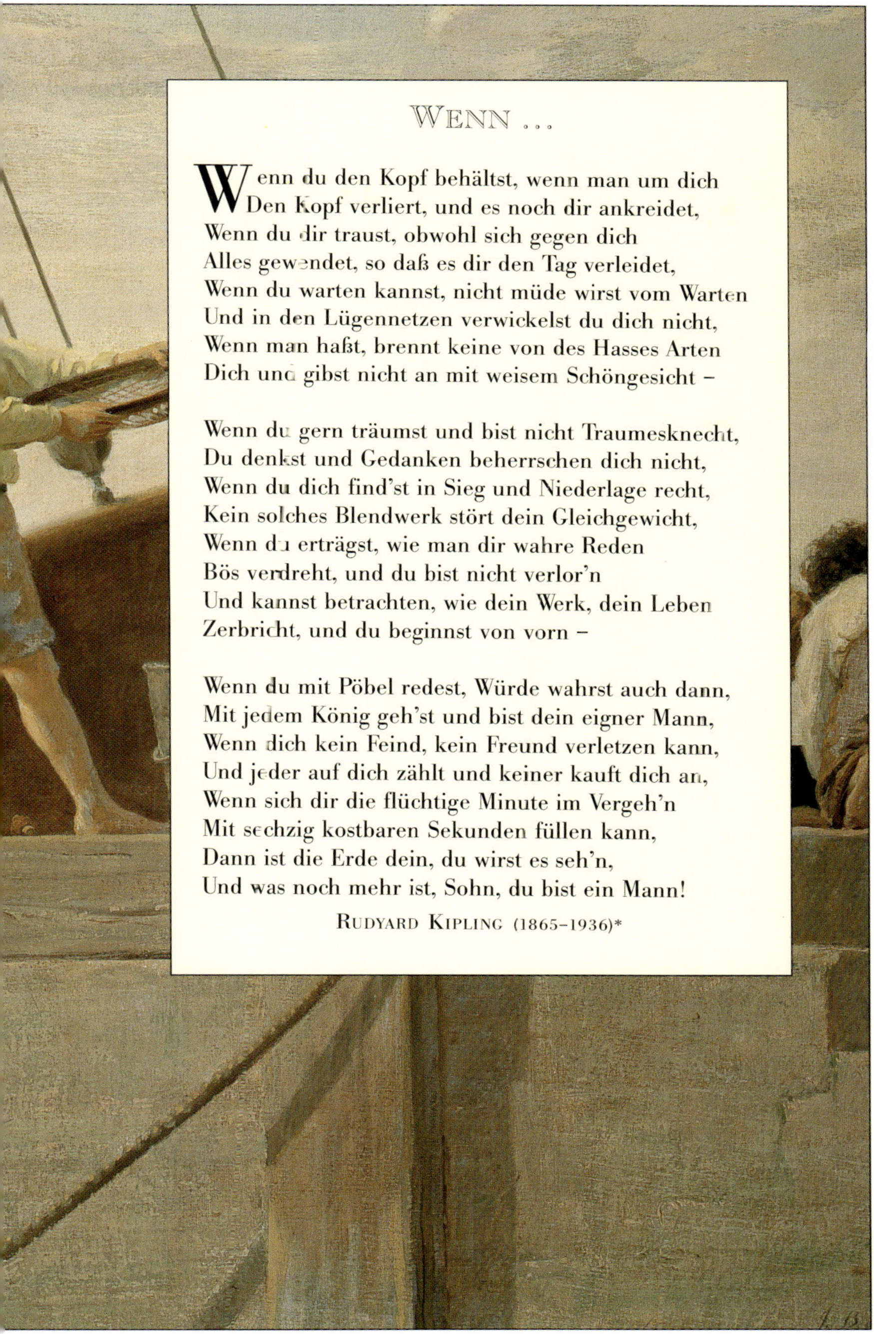

Wenn …

Wenn du den Kopf behältst, wenn man um dich
Den Kopf verliert, und es noch dir ankreidet,
Wenn du dir traust, obwohl sich gegen dich
Alles gewendet, so daß es dir den Tag verleidet,
Wenn du warten kannst, nicht müde wirst vom Warten
Und in den Lügennetzen verwickelst du dich nicht,
Wenn man haßt, brennt keine von des Hasses Arten
Dich und gibst nicht an mit weisem Schöngesicht –

Wenn du gern träumst und bist nicht Traumesknecht,
Du denkst und Gedanken beherrschen dich nicht,
Wenn du dich find'st in Sieg und Niederlage recht,
Kein solches Blendwerk stört dein Gleichgewicht,
Wenn du erträgst, wie man dir wahre Reden
Bös verdreht, und du bist nicht verlor'n
Und kannst betrachten, wie dein Werk, dein Leben
Zerbricht, und du beginnst von vorn –

Wenn du mit Pöbel redest, Würde wahrst auch dann,
Mit jedem König geh'st und bist dein eigner Mann,
Wenn dich kein Feind, kein Freund verletzen kann,
Und jeder auf dich zählt und keiner kauft dich an,
Wenn sich dir die flüchtige Minute im Vergeh'n
Mit sechzig kostbaren Sekunden füllen kann,
Dann ist die Erde dein, du wirst es seh'n,
Und was noch mehr ist, Sohn, du bist ein Mann!

Rudyard Kipling (1865–1936)*

Schreckliche, pfundige Jungens

Es kam nie vor, daß die Powenze, solange sie unmündige Kindlein waren, jemals Ringele-Ringele-Reihe spielten oder gar Häschen in der Grube. In ihrer sehr luftigen Kleidung, oder vielmehr in jener Art Hose, die an den Schultern zugeknöpft war, kugelten sie den ganzen Tag in der Gosse herum, den Pflanzen ähnlich durch die Haut die Nahrung der Erde aufnehmend, der Erde, des Sandes und auch des Schlammes, denn sie liebten unsäglich das Wasser. Wasser, Feuer, Luft und Erde waren ihre liebsten Spielzeuge.

Von Jadup, dem Wißbegierigen, wird erzählt, daß er die Erde aß, ja er ließ überhaupt nichts unversucht. Er mußte alles einmal geschluckt haben, was irgend Natur war.

»Sie sind tierisch«, sagte Frau Quiebus von den schmutzigen Powenzrackern. Aber sie waren die gesuchtesten Kegelbuben in Mössel und als Balljungen beim Tennisspiel an Fixigkeit unübertroffen. Das Drachensteigen, Stelzenlaufen, Schussern beherrschten sie vollkommen. Unerreichte Meister waren sie im Indianerspielen. Zephirin aber bemalte, offenbar nach Vaters Vorbild, ihre nackten Körper und am schönsten den des schläfrigen Fabian, weil er am stillsten hielt.

Es wurde jedoch übel vermerkt, daß sie auch kleine unschuldige Mädchen, so Frau Quiebus' Töchterlein, ohne weiteres entkleideten und von oben bis unten bunt bemalten mit allerlei Getier und Waffensymbolen.

Betrüblicherweise wurden die kecken Jungens auch bei ganz unverblümter Bettelei ertappt. Sie wußten sich dabei entsetzlich anzustellen und aufs Bemitleidenswerteste den Eindruck von Krüppelhaftigkeit zu erwecken. Besonders Jadup verschaffte sich gern auf diese Art sein Zigarettengeld. Denn sehr jung schon, als Sechsjährige, begannen die Powenzbuben, Zigaretten zu rauchen. Zunächst natürlich selbstbereitete aus Buchenblättern, entsetzlich stinkende und schwer bekömmliche.

Sie waren schon eine schreckliche Bande, untereinander sich ewig hauend, nach außen aber stets einig und eine Partei für sich, raubritterlich, streitliebend und gefürchtet. Eines ihrer Lieblingsworte war pfundig.

Aus: »Die Powenzbande« von Ernst Penzoldt (1892-1955)

Jedesmal nach Ablauf eines Schuljahres

Jedesmal nach Ablauf eines Schuljahres befürchtete Hebe, Silas würde sich verändert haben, nicht mehr ihr gehören, sie nicht akzeptieren. Sie hatte Angst, ihn durch allzu große Liebesbezeugungen in Verlegenheit zu bringen. In quälender Erwartung ging sie auf dem Bahnsteig auf und ab.

Als der Zug pünktlich ankam, war sie überrascht. Sie hatte sich eingeredet, er würde Verspätung haben. Als Silas sie umarmte, weinte sie fast vor Erleichterung. Als sie seine Sachen in den Wagen geladen hatten und er auf der Fahrt neben ihr saß, sagte er voller Aufrichtigkeit: »Es ist wunderbar, zu Hause zu sein.«

Überwältigende Freude überkam sie, daß sie ein so wundervolles Kind hatte. Sie liebte sein kastanienbraunes Haar, seinen breiten Mund, die weit vorspringende Nase, seine etwas hochmütige Miene, die von den Augen Lügen gestraft wurde.

»Du bist gewachsen«, sagte sie.

»Was erwartest du?« antwortete er.

Ihre Euphorie verflog.

»Was möchtest du in den Ferien machen?« fragte sie. Sie war kurz davor zu fragen »Was wollen wir in den Ferien machen?«

Verärgert über sich, aber bedacht darauf, seine Unabhängigkeit zu betonen, sagte Silas: »Ich wollte eigentlich mit Giles auf Entdeckungstouren gehen. Es gibt Plätze, an denen wir noch nicht waren.«

»Ich könnte euch mit dem Wagen hinbringen.« Unwillkürlich schloß sich Hebe mit in sein Leben ein.

»Wir würden lieber mit dem Bus fahren, wenn es dir nichts ausmacht.« Silas sah sie von der Seite an.

»Natürlich macht es mir nichts aus«, gab Hebe scharf zurück. »Warum sollte es?«

Sie dachte, meine Rolle ist, für ihn zu kochen, ihm Taschengeld zu geben, da zu sein, wenn ich gebraucht werde. Um Himmels willen, beschwor sie sich, klammere dich nicht an, sei nicht besitzergreifend.

AUS: »EINE TALENTIERTE FRAU« VON MARY WESLEY (1912)

Ein junges Mädchen

Nichts Schwächliches war an diesem jungen Mädchen. Ihr Herz war wohl so sanft, ihre Seele so stark, wie ihre Gestalt schön und ihr Gesicht liebreizend war. Sie schwieg wie ihr Bruder, der Gymnasiast, und versank anscheinend in eine jener schicksalhaften Mädchenreflexionen, die dem forschenden Vaterblick oder selbst der Hellsicht der Mutter oft unzugänglich bleiben. Es war unmöglich zu wissen, ob die Schatten, die über ihr Gesicht hinzogen wie dünne Wolken über einen blauen Himmel, dem Spiel des Lichts oder einem heimlichen Kummer zuzuschreiben waren ... Zeichnete sich auf ihrem klaren Gesicht, sobald sie den Vater verstohlen ansah, das Glück, so sprach aus ihren Gesten, ihrer Haltung und besonders aus ihren Augen, die von langen Wimpern beschattet wurden, tiefe Melancholie. Ein einziges Mal begegneten ihre Augen denen der Mutter, ohne daß sie sich auswichen. Da verstanden sich die beiden Frauen, durch einen matten, kalten, achtungsvollen Blick von seiten Helenes, von seiten der Mutter durch einen finsteren, drohenden. Anschließend beugte sich Helene wieder über ihre Stickerei und lange hob sie den Kopf nicht mehr; man hätte denken können, er wäre ihr zu schwer geworden. War die Mutter zu streng zur Tochter, und hielt sie diese Strenge für notwendig? War sie eifersüchtig auf Helenes Schönheit, mit der sie konkurrieren konnte, wenn auch unter Anwendung aller Tricks? Oder war Helene – wie viele Mädchen, wenn sie wachere Blicke bekommen – einem Geheimnis auf die Schliche gekommen ...

Niemals zuvor war sie zu ihrem Vater so anschmiegsam gewesen, wie sie es jetzt war, vor allem, wenn die Mutter nicht Zeugin ihrer jungmädchenhaften Liebkosungen war. Hatte sich Helenes Liebe zur Mutter auch abgekühlt, so deutete sich dies aber in so sensibler Form an, daß es der Vater, so sehr er auch auf die Harmonie in der Familie bedacht war, nicht bemerkte.

Aus: »Die Frau von dreißig Jahren«
von Honoré de Balzac (1799-1850)

Die Hochzeit

Gräfin Capulet: Die Hochzeit, ja! das ist der Punkt, von dem
Ich sprechen wollte. Sag mir, liebe Tochter,
Wie steht's mit deiner Lust, dich zu vermählen?
Julia: Ich träumte nicht von dieser Ehre noch.
Amme: Ein' Ehre! Hättst du eine andre Amme
Als mich gehabt, so wollt ich sagen Kind,
Du habest Weisheit mit der Milch gesogen.
Gräfin Capulet: Gut, denke jetzt dran jünger noch als du
Sind angeseh'ne Frau'n hier in Verona
Schon Mütter worden. Ist mir recht, so war
Ich deine Mutter in demselben Alter,
Wo du noch Mädchen bist. Mit einem Wort
Der junge Paris wirbt um deine Hand ...
Die schönste Blume von Veronas Flor.
Amme: Ach ja, 'ne Blume! Gelt, 'ne rechte Blume!
Gräfin Capulet: Was sagst du? Wie gefällt dir dieser Mann?
Heut abend siehst du ihn bei unserm Fest.
Dann lies im Buche seines Angesichts,
In das der Schönheit Griffel Wonne schrieb;
Betrachte seiner Züge Lieblichkeit,
Wie jeglicher dem andren Zierde leiht.
Was dunkel in dem holden Buch geblieben,
Das lies in seinem Aug' am Rand geschrieben.
Und dieses Freiers ungebund'ner Stand,
Dies Buch der Liebe braucht nur einen Band
Der Fisch lebt in der See, und doppelt teuer
Wird äuß'res Schön' als inn'rer Schönheit Schleier.
Das Buch glänzt allermeist im Aug' der Welt,
Das gold'ne Lehr in gold'nen Spangen hält.
So wirst du alles, was er hat, genießen,
Wenn du ihn hast, ohn' etwas einzubüßen! ...
Sag kurz, fühlst du dem Grafen dich geneigt?
Julia: Gern will ich seh'n, ob Sehen Neigung zeugt!
Doch weiter soll mein Blick den Flug nicht wagen,
Als ihn die Schwingen Eures Beifalls tragen!

Aus: »Romeo und Julia«, I. Akt, 3. Szene,
von William Shakespeare (1564-1616)

… HAT DIE KLEINE SCHON DAS KRAUT GEPFLÜCKT

Mit der Kerze in der Hand trat die kleine Witwe wieder ein, hinter ihr die Tochter, die in der Eile noch einmal hatte aufstehen müssen, um beim Empfang des Gastes zu helfen. Die Gestalt des Mädchens war fast noch kleiner als die der Mutter, erschien aber doch durch die höchste Zierlichkeit und kaum gereifte Schlankheit aller Formen größer und wie auf den Fußspitzen schwebend, während man auch im Gesicht dieselbe Ähnlichkeit und denselben Unterschied, der auf Rechnung der Jahre kam, auf den ersten Blick erkannte. Nur der Ausdruck in beiden Gesichtern schien niemals einander ähnlich werden zu können. Es war zwischen den dichten Brauen der Frau Giovanna ein Zug von Spannung und kummervollem Harren, der auch mit den Erfahrungen des Alters auf Mariettas klarer Stirn nie dauernd eine Stätte finden konnte. Diese Augen mußten immer lachen, dieser Mund immer ein wenig geöffnet sein, um jeden Scherz unverzüglich hinauszulassen. Es war unendlich drollig zu sehen, wie jetzt in diesem Gesichtchen Verschlafenheit, Überraschung, Neugier und Mutwille miteinander kämpften. Sie bog beim Eintreten den Kopf … seitwärts, um den neuen Hausgenossen zu sehen. Auch seine ernste Miene und sein graues Haar stimmten ihre Munterkeit nicht herab. »Mutter«, flüsterte sie, indem sie einen großen Teller mit Schinken, Brot und frischen Feigen und eine halbvolle Flasche Wein auf den Tisch stellte, »er hat ein kurioses Gesicht, wie ein neues Haus im Winter, wenn der Schnee aufs Dach gefallen ist.«

»… Mußt du immer schwatzen, du gottlose Kreatur?« sagte die Mutter, die allen Bewegungen ihres Lieblings mit strahlenden Blicken folgte. »Weißt du nicht, daß ein Faß, das klingt, leer ist, und wer viel spricht, wenig sagt? ... Und doch gefällt jeder Äffin ihr Äffchen. Und übrigens, so klein sie ist und so nichtsnutzig, so anstellig ist sie auch, und es heißt auch von ihr: Bis die Große sich nur bückt, hat die Kleine schon das Kraut gepflückt. – Wenn ich das Kind nicht hätte, Herr Andrea! Aber Ihr wollt schlafen …«

AUS: »ANDREA DELFIN« VON PAUL HEYSE (1830-1914)

Schützengrabenträume

Ich halte inne, neben mir liegt Andres und schnarcht. Er hat recht, noch ist es Zeit, ein wenig zu schlafen, ein wenig fort zu sein von hier.

Ich schlafe und träume, wie ich hier immer träume, daß ich zu Hause im Bett liege; ich muß krank sein, denn es ist heller, lichter Tag, ein Glas Himbeerwasser steht auf dem Tisch neben meinem Bett, ein Sonnenstrahl bricht sich in ihm und läßt es rubinrot aufleuchten. Meine Mutter sitzt an meinem Bett mit ihrer weißen Tüllhaube, die schmalen Wangen leicht gerötet, wie stets, wenn sie erregt ist, sie lächelt und streicht mit der Hand über die Bettdecke.

»Schlaf, Junge«, sagt sie, »wenn du gesund bist und wir Frieden haben« – ich weiß nicht, was sie mir verspricht, aber es ist etwas sehr Gutes.

Durch das Fenster kommt Sonnenschein, so viel und so heller Sonnenschein, wie ich ihn noch nie gesehen habe, dicke, gelbe Strahlen, wie der Sonnenschein in Bilderbüchern, und ich denke, wie man so im Traume denkt: Ach ja, das ist der Friede. Durch den Sonnenschein hindurch sehe ich draußen grüne Hügel, ein Wald steht auf einer Höhe, still und schwarz, über ihn reviert ein Falke, ein silbernes Flattern in all dem Blau. Unten aber auf der gelben Land-

straße gehen drei Mädchen hin, Arm in Arm, und singen. Ich denke wieder: Das ist zu Hause, und das Herz wird mir ganz heiß, heiß von einem Glück, wie wir es nur zuweilen im Traum empfinden, und ich erwache davon.

Anfangs weiß ich nicht recht, wo ich bin, ich war zu weit fort. Die Kameraden stehen im Schützengraben; es riecht nach Stroh und nassem Lehm und Pulver, in der Luft surrt und pfeift es, mich fröstelt. Es ist, als schnürte etwas mir die Kehle zusammen. Andres schläft noch. Ich fasse ihn und schüttle ihn wütend.

»So steh doch auf!« rufe ich. Er schlägt die Augen auf, und ich sehe diesen Augen an, daß auch er sehr weit fort war.

»Was gibt es?« fragt er.

»Arbeit gibt es«, sage ich. »Wir wollen denen drüben eins draufgeben.«

»Ja«, meint er grimmig und greift nach seinem Gewehr, »wir wollen denen drüben eins draufgeben.«

Aus: »Schützengrabenträume«
von Eduard Graf Keyserling (1855-1918)

Dank an die Mutter

So gern hätt' ich ein schönes Lied gemacht
von deiner Liebe, deiner treuen Weise;
die Gabe, die für andre immer wacht,
hätt' ich so gern geweckt zu deinem Preise.

Doch wie ich auch gesonnen mehr und mehr,
und wie ich auch die Reime mochte stellen,
des Herzens Fluten wallten drüber her,
zerstörten mir des Liedes zarte Wellen.

So nimm die einfach schlichte Gabe hin,
von einfach ungeschmücktem Wort getragen,
und meine ganze Seele nimm darin;
wo man am meisten fühlt, weiß man nicht viel zu sagen.

Annette von Droste-Hülshoff (1797–1848)

Wie mit einer Gleichgestellten

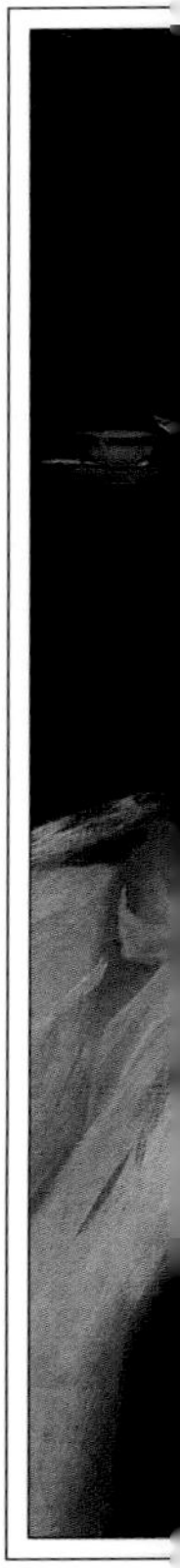

»Apropos de Warenka«, sagte Kitty auf französisch, wie sie schon dauernd gesprochen hatten, damit Agafja Michailowna sie nicht verstand. »Mama, wissen Sie, irgendwie erwart' ich heut etwas Entscheidendes, verstehen Sie? Wie schön das wär!«

»Was für eine Kupplerin!« neckte Dolly. »Wie behutsam und schlau sie die beiden zusammenführt!«

»Kommen Sie, Mama, was meinen Sie dazu?«

»Was ich meine? Früher hätte er (sie meinte Kosnyschew) die beste Partie von ganz Rußland machen können, jederzeit; jetzt ist er nicht mehr der Jüngste, aber ich weiß, daß ihn manche gern nähme – Sie ist natürlich ganz lieb, aber –«

»Ach, Mama, nein, überleg mal, es ist doch das beste für beide. Erstens«, sagte Kitty und zeigte einen Finger, »ist sie einfach zauberhaft.«

»Er mag sie gewiß sehr, richtig«, unterstützte sie Dolly.

»Zweitens lebt er in Verhältnissen, in denen er weder auf das Vermögen noch den Rang seiner Frau achten muß. Er braucht nur eins, eine liebe, gute, stille Frau – Drittens liebt sie ihn, ich wollte sagen großartig, wenn sie's täte. Ich schätze, wenn sie aus dem Wald kommen, ist alles entschieden ... Ich glaube, er macht ihr heute einen Heiratsantrag.«

»Ach, das ist so merkwürdig, wie ein Mann sich erklärt – Es gibt da eine Art Barriere, und plötzlich bricht sie zusammen,« sinnierte Dolly und dachte an ihren Mann.

»Mama, wie hat Papa seinen Antrag gemacht?« fragte Kitty.

»Nichts Besonderes, alles war ganz einfach«, antwortete die Fürstin, aber sie strahlte in Erinnerung daran übers ganze Gesicht ... Kitty fand es sehr reizvoll, daß sie nun mit der Mutter wie mit einer Gleichgestellten von diesen entscheidenden Fragen im Leben einer Frau sprechen konnte.

Aus: »Anna Karenina« von Leo N. Tolstoi (1828-1910)

DAS WIEDERSEHEN

Ich schrieb einige sehr freundliche, schöne Dinge über seinen Sohn in dem Brief, die ich eigentlich dem sagte, der wußte, daß er mein Kind war, und ich hoffte, er würde mir meinen größten Wunsch erfüllen, mein einziges Kind wiederzusehen.

Ich glaubte, wenn er diesen Brief erhielte, würde er ihn sogleich seinem Sohn zum Vorlesen geben, da seine Augen, wie ich wußte, so schlecht waren, daß er nichts lesen konnte; aber es kam noch besser, da mein Brief direkt in die Hände meines Sohnes geriet und er ihn öffnete und las.

Er rief den Boten herein und fragte ihn, wo sich die Person aufhielte, die ihm den Brief gegeben hatte. Jedermann kann sich meine Überraschung ausmalen, als der Bote zurückkam und mir erklärte, der alte Herr sei nicht daheim, aber sein Sohn wäre mitgekommen, und wolle mich besuchen. Ich war völlig verwirrt, denn ich wußte weder, ob das Frieden oder Krieg bedeutete, noch, wie ich mich benehmen sollte. Wie auch immer, ich hatte nicht lange Zeit, mir etwas zu überlegen, denn mein Sohn folgte dem Boten auf dem Fuße, kam an meine Räume und fragte den Mann an der Tür etwas. »Dort ist sie, Sir«, sagte der Bote. Daraufhin kam er direkt auf mich zu, küßte mich, nahm mich in seine Arme und umarmte mich mit solcher Leidenschaft, daß er nicht zu sprechen vermochte, doch konnte ich fühlen, daß seine

Brust bebte wie die eines Kindes, das weint, aber nur schluchzt und nicht zu schreien vermag.

Ich kann weder ausdrücken noch beschreiben, welche Freude meine ganze Seele erfüllte, als ich sah – denn das war leicht zu entdecken –, daß er nicht als Fremder kam, sondern wie ein Sohn zur Mutter, und zwar wie ein Sohn, der nie zuvor erfahren hatte, was eine eigene Mutter bedeutet. Kurz, wir weinten eine ganze Weile miteinander, bis schließlich er zu sprechen begann. »Meine liebe Mutter«, sagte er, »so bist du am Leben! Ich habe nie gehofft, dein Gesicht sehen zu können.« Was mich betrifft, so konnte ich lange nichts hervorbringen.

AUS: »MOLL FLANDERS« VON DANIEL DEFOE (1660-1731)

Willst Du Dein Leben nun führen

Mein geliebtes Kind, ich blicke auf den Tag zurück, an welchem Du die Welt mit dem freundlichsten Schrei begrüßtest, und gedenke Deiner Kindheit und ersten Jugend wie an das Schönste, was mir beschieden war. So lieblich und friedlich Du von dem ersten Augenblicke an mir hingst, so durchaus zufrieden bliebst Du allüberall …

Willst Du wie Eva mit mir aushalten, mir in meinem Werke beistehen und helfen, willst Du die Häuslichkeit, oder willst Du Dein Leben nun führen, wobei ich überzeugt bin, daß das Wesen, was in Dir ist und was nur falsche Vorstellungen trüben konnte, zu neuer schönster Blüte kommen würde.

Als uns Großpapa nach Berlin … entließ, sprach er zu meiner Schwester und zu mir mit einer solchen Schärfe, daß wir wie vernichtet fürs erste uns empfanden. Nicht einen Monat aber waren wir draußen, ohne seine Strenge zu segnen, und noch heute weiß ich, daß, wenn der Umgang mit jedem Menschen mir bis zur Leichtigkeit möglich ist, ich es ihm verdanke. »Ihr seid leidlich hübsch und nicht übel begabt«, sagte er zu uns, »bildet euch aber nicht ein, daß das euch den geringsten Anspruch auf irgendeine Beachtung gibt. Was euch einzig und allein zu diesem Anspruch berechtigen wird, das ist, wenn ihr für jeden, dem ihr begegnet, die nötige Rücksicht, den Respekt der Individualität, sei es der Person, sei es des Landes, sei es des Standes und was es sei, ohne Unterschied (aufbringt).«

Wenn ich Dir das sage, so ist es, damit Du siehst, daß jeder in die Schule zu gehen hat und daß wir uns genau immer selbst befragen müssen, wer wir sind, was wir leisten, wohin wir gehören …

Freude warst Du mir, wie Du kamst, und gerne will ich alles in Deinem Betreff getragen haben, wenn ich mir sagen kann, daß Du zu Friede und Freude heute aus dem Unbehagen der Entfremdung zurückkehrst! Gott segne Dich, mein geliebtes Kind, und möchten die Strahlen der mütterlichen Liebe und Sorge Dein Herz durchleuchten.

Cosima Wagner (1837-1930) an ihre Tochter Isolde

An jeden, der es liest

Wie deine Mutter dich vom Haus aus sah
Im Garten – du spieltest unter Bäumen da –,
So siehst dem Kind vielleicht nun du
Durch dieses Buch, dies Fenster, zu.
Ein and'res Kind, sehr weit, weit weg,
In einem and'ren Garten spielt's Versteck.
Und glaube nicht, daß du so leicht,
Ans Fenster klopfend, hast das Kind erreicht.
Es hört dich nicht. Das Spiel,
Das es dort spielt, ist alles, was es will.

Es hört dich nicht; es wird nicht schau'n,
Nichts lockt es aus dem Buch zum Zaun.
Denn schon vor langem, wahr und ungelogen,
Ist's groß geworden, ist davongezogen
Und es ist nur ein Kind der Luft,
Das du dir träumst zu dieses Gartens Duft.

Robert Louis Stevenson (1850-1894)*

Penhaligons Maiglöckchen

Um das Papier dieses Buches zu parfümieren, habe ich den feinen Duft des Maiglöckchens ausgewählt. Man kann diese Blumen, Convalaria maialis, eine Lilienart, Anfang Mai an schattigen Stellen im Freien finden. Abgesehen davon, daß sie einen Stoff enthalten, der die Herztätigkeit anregt – in größerer Dosis ist er hochgiftig! –, werden alle Teile in der Heilkunst verwendet. Einer Legende zufolge sollen die Maiglöckchen aus den Tränen der Mutter Gottes unterm Kreuz entstanden sein. In Süddeutschland heißt es, wer am Himmelfahrtstag vor Sonnenaufgang Maiglöckchen pflückt, hat das ganze Jahr über Glück. Von Paris aus setzte sich die Sitte durch, sie am ersten Mai zu verschenken.

Meiner Meinung nach eignet sich der frische, klare Duft, den die kleinen, weißen Blüten verströmen, besonders gut, um die Reinheit der Beziehung zwischen Mutter und Kind auszudrücken.

Sheila Pickles

Bildnachweis

Bridgeman Art Library, London:
Titelbild H.D. Pagett, Ausschnitt aus: Die Frau des Künstlers und ihre Töchter (Christopher Wood Gallery, London).
S. 1 John Lavery, Mrs. Winston Churchill und Tochter Sarah (Roy Miles Fine Paintings, London); S. 2 Frank Dicksee, Außer Reichweite / Evas Töchter (Chris Beetles Ltd., London); S. 6-7 Mary Louise Macmonnies, Rosen und Lilien (Musée des Beaux Arts, Rouen / Photographie Giraudon, Paris); S. 9 Johann Georg Meyer von Bremen, Die drei Schwestern (Josef Mensing Galerie, Hamm-Rhynern); S. 10-11 Louis Emile Adan, Mutterschaft (Waterhouse & Dodd, London); S. 12 Pierre Auguste Renoir, Die Nachdenkliche (National Gallery of Art, Washington); S. 15 Edward Burne-Jones, Die Astrologin (Agnew & Sons, London); S. 18 Pierre Auguste Renoir, Ausschnitt aus: Porträt Alfred Sisley (Art Institute of Chicago); S. 19 Edgar Degas, Nach dem Bad (Musée d'Orsay / Photographie Giraudon, Paris); S. 20 Frederic Bazille, Portrait Auguste Renoir (Musée d'Orsay / Photographie Giraudon, Paris); S. 22-23 Joanquin y Bastida Sorolla, Mutter, 1895 (Museo Sorolla, Madrid); S. 25 Albrecht Dürer, Die Madonna mit der Iris (National Gallery, London); S. 28-29 William-Adolphe Bouguerea, Mutter und Kind (Privatsammlung); S. 30 Berthe Morisot, Die Wiege (Louvre, Paris); S. 32-33 Walter Langley, Tagträume (City of Bristol Museum and Art Gallery); S. 39 Wilfred Fairclough, Mutter und Kind (Warrington Museum and Art Gallery); S. 41 Vincenzo Irolli, Mutterliebe (Josef Mensing Galerie, Hamm-Rhynern); S. 42 Carl Larsson, Ausschnitt aus: Pontus (Nationalmuseum, Stockholm); S. 44-45 Timoleon Marie Lobrichom, Der Spaziergang (Roy Miles Fine Paintings, London); S. 46 Alexander Hann, Die Ährenleser (Fine Art Society, London); S. 47 George Elgar Hicks, Ausschnitt aus: Ein Nickerchen (Agnew & Sons, London); S. 48-49 André Henri Dargelas, Familienglück (Wolverhampton Art Gallery, Staffs); S. 55 Karl C.H. Hoffbauer, Ausschnitt aus: Am Strand (Musée de Roubaix / Photographie Giraudon, Paris); S. 56 Dorothea Sharp, Ein Morgenspaziergang (Whitford & Hughes, London); S. 57 John Burgess, Beim Schlafengehen (Gavin Graham Gallery, London); S. 61 W.W. Nichol, Stille (York City Art Gallery); S. 64 Otto Leyde, Master Vaddeley of Derby mit seinem Hund (Gavin Graham Gallery, London); S. 65 Valentine Cameron Prinsep, Ausschnitt aus: Porträt Lillie Langtry (Christie's London); S. 67 Eva Roos, Improvisierter Ball (Christie's London); S. 68 Mary Gow, Eine Einladung (Christopher Wood Gallery, London); S. 71 Familienporträt, um 1630, Cornelis de Vos zugeschrieben (Historical Portraits Ltd., London); S. 73 William Oliver, Märchenstunde (Phillips, The International Fine Art Auctioneers); S. 75 Claude Monet, Das Frühstück (Städtische Galerie, Städelsches Kunstinstitut, Frankfurt/Main); S. 76-77 Frederick Lord Leighton, Die Musikstunde (Guildhall Art Gallery, London); S. 79 John Collier, Colonel Makins Töchter (Christopher Wood Gallery, London); S. 80-81 George Clausen, Die kleinen Wiesenblumen (Privatsammlung); S. 82 George Smith, Zukunftsentwürfe (Christopher Wood Gallery, London); S. 83 James Jacques Tissot, Die Abreise des »Verlorenen Sohnes« (Fine Art Society, London); S. 85 Frederick Samuel Beaumont, Kleiner Angsthase (The Maas Gallery, London); S. 86-87 John Bulloch

Souter, Jungs beim Krabbenfangen (Roy Miles Fine Paintings, London); S. 88 Maria Baschkirtsew, Das Treffen (Musée d'Orsay, Paris); S. 90 Francis Campbell Boileau, Auschnitt aus: Der schwarze Hut (City of Edinburgh Museums and Art Gallery); S. 93 Henry Raeburn, Sir Alexander Don mit Tochter Elizabeth (Christie's London); S. 94 Domenico Ghirlandaio, Mädchenbildnis (National Gallery, London); S. 97 Archibald J. S. Wortley, Porträt einer jungen Frau, vermutlich Clare Davies (Phillips, The International Fine Art Auctioneers); S. 98 Augustus John, Ausschnitt aus: Porträt des Sohnes des Künstlers (The Fine Art Society, London); S. 99 Claude Monet, Madame Monet auf dem Sofa (Musée d'Orsay, Paris); S. 101 Edward Arthur Walton, Miss Christian Elspeth Mallock (Privatsammlung); S. 103 John Singer Sargent, Die Vickers-Töchter (Sheffield City Art Galleries); S. 104 Anton Van Dyck, Ausschnitt aus: Philip, 5. Earl of Pembroke (Wilton House, Wiltshire); S. 105 Gabriel Metsu, Porträt einer Dame (Agnew & Sons, London); S. 107 Georg Hayter, Porträt einer Mutter und ihrer vier Töchter (Phillips, The International Fine Art Auctioneers).
David Messum
S. 26 Robert Gemmel Hutchinson, Kuschelstunde der Kinder.
Fine Art Photographic Archive, London
S. 3 Isaac Snowman, Ausgelassenheit; S. 4 Johan Vilhelm Gertner, Ausschnitt aus: dem Porträt eines Knaben; S. 5 Michael-Peter Ancher, Ausschnitt aus: Teddy's Company; S. 31 Alfred Edward Emslie, Badezeit; S. 43 Charles Burton Barber, In Ungnade; S. 51 Jane M. Dealay, Das Baby wiegen; S. 54 Peder Severin Kroyer, Kleines Mädchen am Skagen-Strand bei Sonnenuntergang; S. 69 Albert Ludovici d.J., Einen Brief einwerfen; S. 91 Ralph Peacock, Ein Morgenritt.
Manchester City Art Galleries
S. 35 James Charles, Tauf-Sonntag.
Metropolitan Museum of Art, New York
S. 108 James Shannon, Erzählungen aus der Wildnis (Arthur Hoppock Hearn Fund, 1913).
Museum of Fine Arts, Boston
S. 58-59 Edmund Charles Tarbell, Mutter mit Kind im Boot (Stiftung David P. Kimball zur Erinnerung an seine Frau Clara Bertram Kimball).
Pennsylvania Academy of Fine Arts, Philadelphia
S. 52-53 Die letzten Tage der Kindheit, Gabe von Cecilia Drinker Saltonstall.
Tate Gallery, London
S. 36-37 Die Cholmondeley-Schwester, Britische Schule des 17. Jahrhunderts.
Tunbridge Wells Museum and Art Gallery
S. 17 Frederick Goodall, Ein Brief von Papa.
Wharfedale Galleries
S. 62-63 Percy Tarrant, Peter Pans Party (Unter Mitwirkung der Medici Society, London).

Quellenvermerke

Einleitung: Khalil Gibran, Der Prophet, © Walter Verlag Solothurn, Düsseldorf 1994; S. 40: Mascha Kaleko, An meinen Schutzengel, Aus: Wolfgang Lauter (Hrsg.), Engel, Begegnung mit himmlischen Wesen, © Harenberg Dortmund 1987; S. 58: Paula Ludwig, An meinen Sohn, Aus: Gedichte, Gesamtausgabe, Herausgegeben von K. Wachinger und C. Peter, © Verlag Langewiesche-Brandt, Ehenhausen 1986; S. 66: Jaroslav Seifert, Was einmal Liebe war, © Werner Dausien Hanau 1961; S. 69: Alfred Kerr, Poetisches, © Argon Verlag Berlin 1990; S. 70: Oskar Maria Graf, Das Leben meiner Mutter, © Paul List Verlag München 1978; S. 72–73: Nadine Gordimer, Clowns im Glück, © S. Fischer Verlag Frankfurt a. M. 1959; S. 89: Ernst Penzoldt, Die Powenzbande, © Suhrkamp Verlag Frankfurt a. M.; S. 90–91: Mary Wesley, Eine talentierte Frau, © dtv München 1993.

Die englische Originalausgabe erschien erstmals 1993
bei Pavilion Books Limited, London, unter dem Titel:
Mother and Child. A Treasury of Verse and Prose.
Scented by Penhaligon's

Gestaltung: Bernard Higton
Bildauswahl: Lynda Marshall
Die mit * versehenen Gedichte wurden von Angelika Koller
ins Deutsche übertragen.
Manufactured in China

ISBN 3-7607-1172-3

Wenn Sie weitere Informationen über Penhaligon's Maiglöckchenduft, den Duft, mit dem dieses Buch parfümiert wurde, andere Düfte oder weitere Penhaligon-Artikel wünschen, schreiben Sie an:
Penhaligon's, 41 Wellington Street, Covent Garden, London WC2.